몸이
반하는
샐러드

내과 의사와
채소 박사가 연구한
평생 건강 레시피

몸이 반하는 샐러드

오오츠카 쿄·타카죠 미노루 지음 | 노메이 옮김

다독
다독

Prologue

채소의 영양소만 효과적으로 섭취해도 평생 건강하게 산다.

일본은 남녀 평균 수명이 80세를 넘는 세계 최고의 장수국이지만 건강하고 자립적인 생활을 할 수 있는 기간인 건강 수명은 남성은 9년, 여성은 12년 정도씩 짧아지는 추세입니다. 이로 인해 건강 수명을 늘리는 방법에 대한 관심이 점점 커지고 있습니다.

노화와 건강을 해치는 주요 원인은 '산화'와 '당화'로 알려져 있습니다. 산화는 스트레스나 음주, 흡연, 자외선의 영향으로 발생하고, 당화는 과다한 탄수화물 섭취가 주요 원인입니다. 산화와 당화를 막는 가장 쉬운 방법은 채소를 매일 먹는 것입니다.

채소에는 항산화 작용 및 당화 억제 기능이 있는 비타민과 미네랄, 식이섬유와 같은 몸에 좋은 영양소가 가득합니다. 각 채소가 가진 효능을 알고 궁합이 맞는 식품과 함께 먹기만 해도 생활습관병을 예방하고 면역력을 높일 수 있습니다.

활력 있고 건강한 몸을 위해 이 책을 식습관에 잘 활용해보세요.

_ 오오츠카 료, 의학박사

**채소를 샐러드로 먹는 이유는
'효소'를 얻기 위해서다.**

샐러드는 대부분의 채소를 날로 먹습니다. 채소를 날로 먹는 것의 가장 큰 장점은 효소 섭취에 있습니다. 효소는 인간의 생존에 필수적입니다. 몸을 움직일 때나 음식을 소화할 때, 호흡과 혈액 순환에 모두 효소가 필요합니다. 영양가 있는 음식을 먹어도 그것을 소화할 효소가 없으면 몸에 흡수되지 않습니다. 효소가 부족하면 대사와 면역력이 떨어져 질병이나 컨디션 불량을 일으키기 쉽습니다.

밥이나 빵, 면 등을 과식했다면 탄수화물 분해 효소가 있는 무나 감자, 순무, 콩나물, 당근, 브로콜리를 먹으면 좋습니다. 고기를 먹을 때는 단백질 분해 효소가 있는 양파나 무, 낫토, 사과, 키위 등을 함께 섭취하면 좋고, 기름진 음식에는 기름을 분해하는 효소가 풍부한 아보카도, 토마토, 시금치 등을 곁들이면 좋습니다.

효소는 열에 약해 식품을 가열 처리하면 효소량이 줄어들게 됩니다. 몸을 위해 일하는 효소를 얻기 위해 샐러드를 통해 다양한 생야채를 자주 섭취하는 게 좋습니다.

_ 타카죠 미노루, 채소 박사

차례

◇ Prologue
◇ Introduction

채소의 영양소만 효과적으로 섭취해도 평생 건강하게 산다 _4
채소 부족으로 나타나는 5가지 건강 위험 _10
샐러드의 4가지 효능 _12
채소 박사가 알려주는 좋은 채소 고르는 법 & 보관법 _14
맛있는 샐러드를 만드는 사소하지만 확실한 비법 _18
샐러드드레싱 황금 비율 _20

항산화 작용의
노화 방지 샐러드

#01 브로콜리 감자 알리오올리오 샐러드 _24
#02 홍피망 톳 일본식 레몬 샐러드 _26
#03 구운 단호박 허니머스타드 샐러드 _28
#04 여주 자몽 에스닉 샐러드 _30
#05 가지 방울토마토 흑초 샐러드 _32
#06 유채꽃 아보카도 와사비 간장 샐러드 _34
#07 순무 사과 샐러드 _36
#08 시금치 미역 중국식 무 샐러드 _38

채소 상식

1 여름 채소는 생으로, 겨울 채소는 익혀 먹어야 하는 이유 _40
2 영양 손실 없는 말린 채소 활용법 _41

장내 환경 개선으로 면역력을 높이는 샐러드

#09 튀긴 우엉 카망베르 쑥갓 샐러드 _44
#10 마 무순 낫토 샐러드 _46
#11 완두 순 전갱이 미소 샐러드 _48
#12 단호박 오크라 인도식 핫 샐러드 _50
#13 멜로키아 부추 두부 샐러드 _52
#14 2가지 소스의 스틱 샐러드 _54
#15 흰 강낭콩 베이컨 화이트와인비네거 샐러드 _56
#16 마 참치 매콤 샐러드 _58
#17 무말랭이 코울슬로 샐러드 _60
#18 브로콜리 콩 김 샐러드 _62
#19 오크라 김치 한국식 찹 샐러드 _64
#20 버섯 발사믹식초 샐러드 _66
#21 매실 푸른 차조기잎 양파 샐러드 _68
#22 해초 중국식 당면 샐러드 _70

채소 상식
3 채소의 색이 다른 이유 _72
4 냉동 채소 조리법 _73

근육과 뼈를 강화해 체력을 향상시키는 샐러드

#23 데리마요치킨 홍피망 샐러드 _76

#24 소고기 오이 에스닉 샐러드 _78

#25 샤부 돼지고기 청경채 샐러드 _80

#26 참치 아보카도 달걀 샐러드 _82

#27 콩 치즈 델리풍 샐러드 _84

#28 돼지고기 버섯 상추쌈 샐러드 _86

#29 연어 허브마리네이드 샐러드 _88

#30 치킨 고구마 샐러드 _90

#31 참치 레몬 간장 샐러드 _92

#32 나물 송이버섯 돼지고기 미소 샐러드 _94

채소 상식

5 채소를 갈아 먹으면 좋은 이유 _96

6 천연 인슐린 돼지감자 _97

습관성 질병을 차단하는
혈관 강화 샐러드

#33 일본식 곡물 샐러드 _100

#34 아보카도 옥수수 감자 샐러드 _102

#35 그리스식 오이 콩 샐러드 _104

#36 멜로키아 오크라 오이 눅진한 샐러드 _106

#37 푸른 차조기잎 파마산치즈 두부 샐러드 _108

#38 콩 아몬드 그린 샐러드 _110

#39 바냐카우다 샐러드 _112

#40 양상추 미역 샐러드 _114

일러두기

· 1작은술 = 5ml, 1큰술 = 15ml, 1컵 = 200ml

· 생강 1쪽 = 약 15g, 마늘 1쪽 = 약 50g

· 전자레인지는 600W (500W의 경우 가열 시간을 1.2배 늘린다)

· 채소의 손질 순서는 특별히 표시되어 있지 않으면 세척, 껍질 벗기기 등의 과정을 전제로 한다.

영양계의 보물 상자, 채소

채소 부족으로 나타나는 5가지 건강 위험

1 **활성산소에 의한 산화가 진행되어 암이나 동맥경화 등이 발병할 수 있다.**

산화란 몸이 녹스는 것이다. 산화의 원인은 체내에서 발생하는 활성산소다. 이 물질은 산화력이 강해 세포나 유전자를 변형시켜 동맥경화나 암 발병에 영향을 주기도 한다. 활성산소를 제거하기 위해서는 비타민 A, C, E, 알파리포산, 폴리페놀 등의 항산화 기능이 있는 영양소가 필요하다. 이 영양소가 포함된 채소를 먹지 않으면 몸이 점점 녹슬면서 노화가 진행된다.

2 **체내 당화가 진행되어 혈당이 상승하고 뇌 노화에 영향을 미친다.**

당화란 몸이 타는 것이다. 당화는 밥, 밀가루, 설탕 등 당질(탄수화물) 과다 섭취가 원인이다. 당질을 많이 섭취하면 혈당 수치가 높아지고 체내에 AGEs(최종당화산물 또는 당독소)가 생성된다. 당질과 단백질이 합성하면서 생긴 물질로 동맥경화나 인지병(치매)이 발생하기도 한다. AGEs 생성을 방지하는 데는 식이섬유가 풍부한 채소나 당화 억제 기능이 있는 생강이나 마늘이 효과적이다.

3 장내 유해균의 증가로 면역력이 저하되어 병에 자주 걸린다.

면역이란 병원균 또는 암세포로부터 몸을 보호해주는 기능을 말한다. 인간의 면역을 담당하는 세포의 60%는 장에서 활동한다. 장내에 유해균이 증가하면 장내 환경이 악화되어 면역 기능이 떨어진다. 면역력을 높이기 위해서는 수용성(식물성) 식이섬유가 포함된 채소나 발효식품을 섭취해 장내 좋은 균을 늘려야 한다. 채소 섭취가 부족하면 면역력이 떨어져 피로감을 자주 느끼거나 잔병치레를 자주 하게 된다.

4 비타민 B 또는 C의 부족으로 근육과 장기, 뇌 기능이 저하된다.

근육과 장기, 뇌신경 등을 구성하는 것은 단백질이다. 그러나 육류나 생선 등의 단백질만 섭취하고 단백질 대사에 필요한 효소나 비타민 B군을 섭취하지 않으면 단백질이 제대로 형성되지 않는다. 철분 흡수를 돕는 비타민 C, 혈액과 세포 생성에 필요한 엽산 등이 함유된 채소를 단백질과 함께 섭취하는 것이 좋다.

5 비타민 D의 부족은 면역력 저하와 골다공증을 초래한다.

혈중 칼슘 농도를 일정하게 유지해주는 비타민 D는 햇볕에 노출되면 체내에서 자연스럽게 생성된다. 실내 생활이 많고 자외선 차단이 익숙한 현대인은 비타민 D가 부족해지기 쉽다. 비타민 D가 부족하면 뼈가 약해져 골다공증이 생기거나 면역력이 떨어져 감기에 걸리기 쉽고 꽃가루 알레르기가 심해지기도 한다. 적당한 야외 활동을 통해 비타민 D의 생성을 돕고 비타민 K와 칼슘이 함유된 채소를 자주 섭취해야 한다.

건강하고 아름다운 몸의 비결은 식습관에 있다.

이 책에 실린 샐러드의 4가지 효능

1 **항산화 작용으로 노화를 방지한다.** [레시피 p.24~39]

비타민 A, C, E, 폴리페놀, 알파리포산, 베타카로틴, 리코핀, 글루타티온 등 항산화 작용을 하는 영양소가 포함된 채소가 활성산소를 제거한다. 여기에 뇌 건강에 좋은 오메가3 지방산이 함유된 견과류, 항산화 작용이 높은 과일, 당화를 억제하는 식이섬유를 조합하면 산화와 당화를 막아 뇌와 육체의 안티에이징 효과를 기대할 수 있다. 피부 노화, 검버섯, 주름 예방에도 좋다.

2 **장내 환경을 개선해 면역력을 향상시킨다.** [레시피 p.44~71]

면역력을 높이려면 장내 세균이 균형을 이루는 것이 중요하다. 장내 환경 개선에 식이섬유가 가득한 샐러드만큼 좋은 것이 없다. 식이섬유는 크게 수용성과 불용성으로 나뉘는데 채소의 식이섬유는 대부분 불용성이다. 장내 좋은 균을 늘리려면 불용성 식이섬유와 더불어 수용성 식이섬유인 오크라나 마와 같은 점액질 성질의 채소나 해조류를 의식적으로 섭취해야 한다. 여기에 치즈나 요거트 등의 발효식품을 추가하면 장내 유산균의 작용으로 장내 유익균이 활성화된다.

3 근육과 뼈가 튼튼해져 몸에 활력이 생긴다. [레시피 p.76~95]

유연한 근육과 튼튼한 뼈를 유지하려면 단백질과 철분이 필요하다. 그러나 단순히 고기와 생선을 먹는 것만으로는 부족하다. 동물성 단백질은 채소와 함께 먹어야 아미노산이 분해되어 영양 흡수율이 높아진다. 육류를 섭취할 때는 비타민 B군이 풍부한 버섯이나 철분 흡수를 돕는 시금치, 비타민 C가 풍부한 레몬 등을 함께 먹는 것이 좋다. 여기에 비타민 K, D, 칼슘이 포함된 채소까지 더하면 뼈 구성에 필요한 모든 성분이 갖추어진다. 단백질 식품과 채소가 들어간 샐러드는 건강하고 활기찬 몸을 만드는 최상의 조합이다.

4 혈관 강화로 생활습관병의 접근을 막는다. [레시피 p.100~115]

혈관이 건강해야 고혈압, 동맥경화, 뇌졸중, 심근경색 등의 생활습관병을 막을 수 있다. 혈관 강화에는 염분 조절이 중요하다. 염분 과다 섭취로 혈중 나트륨이 증가하면 혈압이 상승해 혈관벽이 딱딱해져 혈관 내벽이 손상되기 쉽다. 칼륨이 풍부한 아보카도나 시금치 등의 채소를 섭취함으로써 나트륨 배출을 촉진하고 고혈압을 예방할 수 있다. 마그네슘이 함유된 해조류나 참깨, 견과류 등을 곁들이면 혈압을 내리는 효과도 기대할 수 있다.

채소 박사가 알려주는 채소 고르는 법 & 보관법

신선한 재료를 고르는 것만큼 신선하게 보관하는 것도 중요하다.

브로콜리

제철 | 11~3월
구입 요령 | 봉오리가 작고 단단하며 짙은 녹색을 띠고, 노란색으로 변색된 부분이 없는 것이 좋다. 봉오리 아래 잎이 시들거나 변색 되었다면 오래된 것일 수 있다.
보관 | 작게 잘라 데쳐서 냉동한다. 브로콜리의 영양 성분이 녹아 있는 데친 물은 수프 등에 활용한다.

단호박

제철 | 7~12월
구입 요령 | 수확 후 2~3주간 후숙해야 당도가 높다. 표면에 상처가 없고 꼭지가 마른 것이 좋다.
보관 | 씨와 속을 파내고 먹기 좋은 크기로 잘라 냉장 또는 냉동 보관한다. 너무 작게 자르면 당도가 떨어진다. 얇게 썰어 건조하는 것도 추천.

우엉

제철 | 1~3월
구입 요령 | 전체적으로 껍질에 흠이 없고 매끈한 것, 흙이 묻어 있을 경우 흙이 건조되지 않은 것이 좋다. 너무 두꺼운 것보다 지름 2cm 정도가 적당하며, 절단면에 바람 든 흔적이 없어야 한다.
보관 | 흙이 묻어 있는 상태로 가볍게 물에 적신 키친타월로 감싸 지퍼백에 넣고 냉장 보관한다. 채 썬 경우 변색될 수 있으므로 쌀뜨물을 끓여 식초를 넣고 우엉을 데친 후 냉동 보관한다.

아보카도

제철 | 수입품이므로 사계절
구입 요령 | 껍질에 윤기와 탄력이 있고 꼭지가 붙어 있는 것을 고른다.
보관 | 껍질이 진한 녹색일 경우 직사광선을 피해 상온에서 후숙한다. 사과와 함께 지퍼백에 넣어 보관하면 후숙 기간이 단축된다. 껍질이 진한 갈색일 경우 이미 후숙된 것이므로 은박지로 감싸 냉장 보관한다.

표고버섯, 잎새버섯(느타리버섯)

제철 | 잎새버섯 : 7~8월, 표고버섯 : 3~9월
구입 요령 | 표고버섯은 갓이 너무 피지 않고 색이 선명하며 주름이 많지 않고 안쪽 주름이 하얀 것이 좋다. 잎새버섯은 색이 진하고 갓이 단단한 것이 좋다.
보관 | 표고버섯은 밑동을 제거한 후 먹기 좋은 크기로 잘라 냉동 보관하거나 건조한다. 밑동에도 영양소가 있으므로 볶음용으로 활용한다. 잎새버섯은 소분해서 가볍게 물에 적신 키친타월로 감싸 지퍼백에 넣고 냉장 또는 냉동 보관한다. 햇볕에 건조해도 좋다.

마

제철 | 10~11월
구입 요령 | 전체적으로 묵직하고 모양이 울퉁불퉁하지 않고 매끄러운 것, 수염이 적고 껍질 색이 균일하면서 짙은 것이 좋다.
보관 | 껍질을 벗기지 않은 상태로 가볍게 물에 적신 키친타월로 감싸 지퍼백에 넣어 냉장 보관한다. 갈아서 소분한 후 냉장 보관해도 좋다.

토마토

제철 | 7~9월
구입 요령 | 모양이 균일하고 꼭지가 싱싱하며 껍질에 탄력과 윤기가 있는 것이 좋다.
보관 | 지퍼백에 넣어 냉장 보관하고 가급적 2~3일 내에 먹는다. 오래 보관할 때는 꼭지를 아래로 향하게 하여 서로 닿지 않게 담아 냉장 보관한다.

오크라

제철 | 8~9월
구입 요령 | 녹색이 선명하고 꼬리가 단단하며 솜털이 빽빽하게 돋아있는 것이 좋다.
보관 | 가볍게 물에 적신 키친타월로 감싸 지퍼백에 넣고 냉장고에 세워서 보관한다.

Introduction

양배추

제철 | 사계절
구입 요령 | 겉모양이 동글동글하고 겉잎이 얇고 깨끗하며 윤기 나는 짙은 녹색이 좋다.
보관 | 원형 그대로 보관하려면 양배추 밑 부분에 칼집을 내어 심지를 제거하고 심이 제거된 부위를 신문지로 채워 냉장 보관한다. 절단된 부위부터 상하므로 잎을 겉에서 한 장씩 떼어 사용한다.

소송채

제철 | 겨울(12월)
구입 요령 | 색이 너무 진하면 쓴맛이 강하므로 연한 녹색을 띠는 것이 좋다. 줄기가 단단하고 너무 부드럽지 않은 것을 고른다.
보관 | 데쳐서 냉동 보관하거나 햇빛에 건조한다.

피망

제철 | 4~12월
구입 요령 | 꼭지가 선명한 녹색을 띠고 절단면이 마르지 않은 것이 좋다. 전체적으로 색이 균일하고 표면이 탱탱하고 윤이 나며 두툼한 것을 고른다.
보관 | 씨를 제거하거나 씻지 않은 상태로 지퍼백에 넣어 냉장 보관하고 가급적 1주일 안에 사용한다.

감자

제철 | 6~10월
구입 요령 | 표면에 흠집이 없고 매끈하며 손으로 들었을 때 단단하고 묵직한 것이 좋다.
보관 | 신문지로 감싸서 통풍이 잘되는 장소에 보관한다. 사과와 함께 보관하면 사과에서 배출되는 에틸렌 가스로 인해 보존 기간을 늘릴 수 있다.

당근

제철 | 사계절(계절에 따라 주 생산지가 다름)
구입 요령 | 표면이 매끄럽고 선명하며 진한 주황색이 좋다. 잎이 달려 있으면 잎이 싱싱하고 시들지 않은 것을 선택한다. 꼭지 부분이 푸른빛을 띠면 햇빛에 장시간 노출된 경우로 쓴맛이 난다. 꼭지에 검은 테두리가 있으면 수확한 지 오래된 것일 수 있다.
보관 | 지퍼백에 넣어 냉장 보관한다. 잎이 있으면 잎을 떼어내고 보관한다.

오이

제철 | 6~8월
구입 요령 | 짙은 녹색을 띠고 가시가 있으며, 탄력과 광택이 있는 것이 좋다.
보관 | 가볍게 물에 적신 키친타월로 감싸 냉장고 야채칸에 보관한다. 세워서 보관하면 보존 기간을 좀 더 늘릴 수 있다.

양파

제철 | 사계절
구입 요령 | 껍질이 잘 마르고 윤기가 돌며 단단하고 무게감이 있는 것이 좋다.
보관 | 망에 넣어 통풍이 잘되는 서늘한 곳에 걸어둔다.

멜로키아

제철 | 7~8월
구입 요령 | 절단 부위 및 잎끝에 변색이 없고 줄기가 단단한 것이 좋다.
보관 | 적당한 크기로 잘라 냉동하거나 햇볕에 건조한다.

시금치

제철 | 11~2월
구입 요령 | 잎이 진하고 잎끝이 뾰족하며 뿌리가 선명한 붉은색을 띠는 것이 좋다.
보관 | 잎끝이 건조하지 않도록 가볍게 물에 적신 키친타월로 감싸 냉장고 야채칸에 세워서 보관한다.

무

제철 | 10~12월
구입 요령 | 표면에 탄력과 윤기가 있으며 들었을 때 묵직한 것이 좋다.
보관 | 잎이 있으면 잎을 떼어내고 신문지로 감싼 후 서늘하고 어두운 곳에 보관한다. 자른 무는 랩으로 감싸 냉장 보관하고 2~3일 안에 먹는다.

Introduction

기본만 잘 지켜도 샐러드의 맛이 완전히 달라진다.

맛있는 샐러드를 만드는 사소하지만 확실한 비법

채소를 물에 충분히 담그기

양상추나 양배추 등의 잎채소는 먹기 좋은 크기로 잘라서 차가운 물(얼음물도 OK)에 푹 담가 놓는다. 몇 분만 담가도 금세 수분을 머금고 생기가 돈다. 조금 시들었던 채소도 몰라볼 정도로 싱싱해진다.

물기를 충분히 제거하기

채소를 물에서 건져 샐러드 스피너 등을 이용해 물기를 확실하게 제거한다. 물기를 제대로 제거하지 않으면 드레싱이 묽어져 맛이 떨어진다. 샐러드 스피너가 없는 경우 키친타월로 살짝 감싸 물기를 제거한다.

드레싱 고르게 섞기
재료 준비가 끝나면 드레싱을 준비한다. 거품기를 이용해 유분과 산미가 유화되어 겉돌지 않도록 고르게 섞는다. 작은 거품기를 사용하면 편리하다.

재료와 드레싱을 고르게 버무리기
드레싱을 부은 후 채소가 눌리지 않도록 손과 서버 스푼을 이용해 고르게 버무린다. 미리 섞어두면 채소에서 수분이 나와 맛이 싱거워질 수 있으므로 먹기 직전 버무리는 것이 좋다.

엄선된 오일 사용하기
샐러드용 오일(엑스트라버진 올리브유, 참기름, 들기름)은 가급적 좋은 것을 사용한다. 좋은 오일은 맛과 풍미는 물론 몸에도 좋다.

Introduction

풍요로운 샐러드 생활을 위한 만능 드레싱

샐러드드레싱 황금 비율

프렌치 드레싱

올리브유 3큰술

식초 1.5큰술

머스터드 ½작은술

소금 ½작은술

후추 약간

일본식 어니언 드레싱

곱게 간 양파 1큰술

들기름 3큰술

간장 2큰술

식초 1.5큰술

향미 중국식 드레싱

마늘 ¼쪽(곱게 다지기)

생강 ½쪽(곱게 갈기)

참기름 3큰술

간장 2큰술

식초 1.5큰술

설탕 1작은술

생강 폰즈 드레싱

생강 1쪽(잘게 다지기)
들기름 3큰술
폰즈 간장 3큰술
소금 한꼬집

요거트 드레싱

플레인 요거트 4큰술
올리브유 2큰술
소금 ½작은술
후추 약간

태국식 드레싱

홍고추 1개(얇게 썰기)
들기름 3큰술
피시 소스 1큰술
레몬즙 1큰술
설탕 ½큰술

카레 마요 드레싱

마요네즈 4큰술
우유 1큰술
카레가루 1작은술
화이트와인비네거 2작은술
소금 한꼬집

I

항산화 작용의
노화 방지 샐러드

: 비타민 A, C, E와 폴리페놀 성분이 풍부한 식품을 섭취한다.

녹황색 채소는 비타민 A, C, E가 풍부한 대표적인 항산화 식품이다. 비타민 A는 혈관 및 점막을 강화하고, 성장 촉진과 면역 세포를 활성화한다. 지용성 비타민으로 기름 성분과 함께 섭취했을 때 흡수율이 높다. 비타민 C는 콜라겐 생성의 필수 영양소로 체내에 축적되지 않으므로 적절한 양을 꾸준히 섭취하는 것이 중요하다. 비타민 E는 혈액 순환을 개선한다. 세 가지 비타민을 골고루 먹을수록 항산화 효과가 높다. 폴리페놀, 알파리포산, 리코핀, 글루타티온, 아스타잔틴 성분도 산화 방지를 위해 필수적이다.

노화의 또 다른 원인은 당화이다. 산화만큼 당화를 방지하는 것도 중요하다. 당화 억제 기능이 있는 식초나 레몬, 향신료 등을 드레싱 재료로 활용하면 효과적이다.

산화: 몸이 녹스는 현상
체내에 발생하는 활성산소가 세포를 손상해 생기는 현상으로 검버섯, 주름 등의 외형적인 노화 및 당뇨병이나 암, 동맥경화 등 질병의 원인이 된다.

당화: 몸이 타는 현상
체내의 포도당(당질)이 단백질과 결합하는 과정에서 AGEs(최종당화물질)라는 유해 물질이 발생한다. AGEs가 뇌에 축적되면 치매의 원인이 되기도 한다.

항산화 식품

비타민 A(베타카로틴) | 사과, 피망, 단호박, 시금치, 감귤류, 수박
비타민 C | 브로콜리, 레몬, 키위, 피망, 유채꽃나물, 순무잎, 여주
비타민 E | 땅콩, 아몬드, 아보카도, 멜로키아, 단호박, 홍피망
알파리포산 | 시금치, 브로콜리, 감자
폴리페놀 | 누에콩, 사과, 체리, 포도, 녹차
글루타티온 | 아스파라거스, 아보카도, 키위, 사과, 토마토, 망고, 자몽
리코핀 | 토마토, 당근, 수박
아스타잔틴 | 새우, 게, 연어

당화 억제 식품

식이섬유(미역, 톳, 수채, 파슬리 등), 레몬, 생강, 시나몬, 커민, 사과, 바질, 흑초, 마늘

브로콜리 감자 알리오올리오 샐러드   #01

브로콜리는 비타민 A, C, E가 고루 함유된 채소로 활성 산소를 제거하고
체내의 독소 배출을 돕는다. 감자의 알파리포산 성분은 혈당을 낮추는 효과가 있다.
오메가3 지방산이 풍부한 아몬드는 안티에이징 효과를 높인다.

재료 2인분

브로콜리 ½개(150g)

감자 2개(250g)

아몬드 10개

소금 한꼬집

드레싱

다진 마늘 조금

마요네즈 2큰술

우유 1큰술

소금·후추 약간씩

1 감자의 껍질을 벗겨 1cm 두께의 반달 모양으로 썰고, 물에 살짝 헹군 후 물기를 제거한다.

2 브로콜리의 꽃봉오리를 먹기 좋은 크기로 2~3등분 하고,
   대는 껍질을 벗겨 7~8mm 두께로 동그랗게 썬다.

3 아몬드를 2~3등분 한다.

4 팬에 감자를 펼쳐 올리고 가장자리에 물 50ml를 두른 후 뚜껑을 닫고 중불에서 3분 정도 찐다.

5 4번 팬에 브로콜리와 소금 한꼬집을 추가하고 4분 정도 더 찐다.

6 감자를 젓가락으로 찔러서 부드럽게 들어가면 여분의 수분을 날리며 재료들을 섞는다.

7 볼에 분량의 드레싱 재료를 모두 넣고 고르게 섞는다.

8 감자와 브로콜리를 식혀서 접시에 담고 아몬드와 드레싱을 뿌린다.

✚ 삶은 아스파라거스를 추가하면 아미노산의 일종인
글루타티온의 항산화 & 디톡스 효과를 기대할 수 있다.

홍피망 톳 일본식 레몬 샐러드   #O2

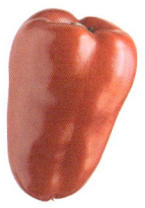

홍피망은 청피망보다 비타민 C와 베타카로틴이 약 2배, 비타민 E는 약 5배 많다.
레몬은 피로 해소에 좋은 구연산과 항산화 작용을 하는 폴리페놀 성분이 풍부하고
킬레이트 작용으로 칼슘과 미네랄 흡수를 돕는다.
미네랄이 풍부한 톳과 잔멸치의 오독오독 씹히는 맛이 매력적인 샐러드다.

재료 2인분

홍피망 2개(100g)

당근 1/5개(30g)

(건조)톳 2큰술

잔멸치 2큰술

레몬 2조각(빗 모양 썰기)

드레싱

올리브유 1.5큰술

쯔유(3배 농축) 1큰술

레몬즙 1작은술

소금 약간

1. 톳을 물에 15분 정도 담가 염분을 뺀 뒤 여러 번 헹궈 물기를 제거하고 끓는 물에 살짝 데친 후 체에 건져 식힌다.
2. 당근을 4cm 길이로 채 썰고, 피망을 길게 반으로 자른 후 얇게 썬다.
3. 볼에 분량의 드레싱 재료를 모두 넣어 섞은 후 톳과 당근, 잔멸치를 넣고 버무린다.
4. 접시에 담고 레몬 조각을 곁들인다.

노화 방지 샐러드 27

구운 단호박 허니머스타드 샐러드   #03

단호박을 올리브오일로 구우면 베타카로틴 흡수율이 높아진다.
적양파의 보라색은 항산화 작용을 하는 안토시아닌이,
양파 드레싱은 효소가 풍부하다.

재료 2인분

단호박 ⅛개 (150g)
잎상추 60g
경수채 ¼묶음(50g)
적양파 ⅛개 (25g)
올리브유 1작은술

드레싱

간 양파 ½큰술
올리브유 1.5큰술
식초 1작은술
머스타드 1작은술
꿀 1작은술
소금 ¼작은술

1 볼에 분량의 드레싱 재료를 모두 넣고 고르게 섞는다.
2 단호박을 1cm 두께의 빗 모양으로 자른다.
3 잎상추를 큼지막하게 한입 크기로 뜯는다.
4 경수채는 5cm 길이로 자르고, 적양파는 얇게 채 썬다.
5 팬에 올리브유를 두르고 중불로 달군 후, 단호박을 젓가락으로 찔러서 부드럽게 들어갈 때까지 앞뒤로 노릇하게 굽고 식힌다.
6 볼에 손질한 채소와 단호박을 보기 좋게 담고 드레싱을 뿌린다.

✚ 삶은 새우를 추가하면 아스타잔틴의 항산화 작용을 기대할 수 있으며, 마늘칩으로 풍미를 더해도 좋다.

여주 자몽 에스닉 샐러드　　　　　　　　　#04

여주와 자몽의 쓴맛을 내는 성분에는 혈액 순환을 개선하고 암을 예방하는 효능이 있다.
새콤달콤한 자몽이 여주의 쓴맛을 완화하고
오메가3가 풍부한 들깨 드레싱이 맛과 영양의 균형을 잡는다.

재료 2인분

여주 ½개(130g)
자몽 작은 것 1개(150g)
적양파 ¼개(50g)
고수 15g
참치캔 1개(70g)
소금 한꼬집

드레싱

들기름 1.5큰술
피시 소스 2작은술
레몬즙 1작은술
흑 후추 약간

1　여주의 씨와 속을 숟가락으로 긁어내어 5mm 두께의 반달 모양으로 자르고, 소금으로 가볍게 조물조물 무쳐 5분 정도 재워 둔다.
2　자몽의 껍질을 벗기고 씨를 제거한다.
3　적양파를 길게 반으로 잘라서 세로로 얇게 썬다.
4　고수를 2cm 길이로 자른다.
5　참치캔의 기름을 빼고 참치만 준비한다.
6　끓는 물에 2에서 절인 여주를 넣고 30초 정도 데친 후 얼음물에 식히고 물기를 제거한다.
7　볼에 분량의 드레싱 재료를 모두 넣고 섞은 후 손질한 샐러드 재료를 모두 넣고 버무린다.

✚ 비타민 C와 베타카로틴이 풍부한 홍피망을 잘게 썰어 넣어도 좋다.

가지 방울토마토 흑초 샐러드 #05

가지의 자색 색소에 들어있는 폴리페놀의 일종인 나스닌이라는 성분이 항산화 작용을 한다.
방울토마토와 멜로키아의 천연 색소가 미각을 자극하고
산뜻한 산미의 흑초가 소화와 미네랄 흡수를 돕는다.

재료 2인분

가지 2개(160g)
방울토마토 120g
멜로키아(또는 시금치) ½단

드레싱

대파 5cm(잘게 다지기)
참기름 1큰술
흑초 2작은술
간장 2작은술
설탕 2작은술

1 가지의 꼭지를 제거하고 필러를 이용해 껍질을 줄무늬 모양으로 벗긴다.
2 가지 2개를 각각 랩으로 감싸 전자레인지(600W)에서 3분 정도 익히고 랩을 씌운 채로 차가운 물에 식힌 후 물기를 뺀다.
3 가지를 1cm 두께로 동그랗게 자른다.
4 방울토마토를 길게 반으로 자른다.
5 멜로키아 잎(또는 시금치)을 뜨거운 물에 40초~1분 정도 데친 후 차가운 물로 헹구고 물기를 뺀 후 먹기 좋게 자른다.
6 볼에 분량의 드레싱 재료를 섞은 후 손질한 재료들을 모두 넣고 고르게 버무린다.

유채꽃 아보카도 와사비 간장 샐러드 #06

유채꽃 잎과 꽃봉오리에는 비타민과 미네랄이 함유돼 있다.
아보카도는 비타민 E와 글루타티온이 풍부해 항산화 효과가 높다.
와사비 드레싱은 활성 산소를 제거한다.

재료 2인분

유채꽃(또는 브로콜리) 200g
아보카도 1개
소금 약간

드레싱

참기름 1큰술
물에 갠 와사비 ⅔작은술
간장 2작은술

1. 볼에 분량의 드레싱 재료를 모두 넣고 고르게 섞는다.
2. 끓는 물에 소금을 넣고 유채꽃의 줄기만 담가 30초간 데친 후 잎까지 완전히 담가 1분간 데친다.
3. 데친 유채꽃을 차가운 물에서 식힌 후 물기를 제거하고 5cm 길이로 자른다. 대가 굵은 것은 세로로 반을 가른다.
4. 볼에 씨와 껍질을 제거한 아보카도를 넣고 포크로 곱게 으깬 후 삶은 유채꽃을 넣고 조물조물 무치듯 섞는다.
5. 접시에 담고 드레싱을 뿌린다.

➕ *항산화 효과를 높이려면 데친 아스파라거스를 3cm 두께로 잘라 추가한다.*

순무 사과 샐러드 #07

순무의 무는 소화 효소가 가득하고 잎은 베타카로틴이 풍부하다.
사과의 폴리페놀 성분에는 강력한 항산화 효과가 있다.
사과 식초 마늘 드레싱이 당화를 억제한다.

재료 2~3인분
순무 2개(200g)
순무 잎 80g
사과 ½개(80g)
핑크 페퍼(기호에 따라)

드레싱
다진 마늘 약간
올리브유 1.5큰술
꿀 1작은술
사과식초 1큰술
소금 ¼작은술

1. 순무는 껍질을 벗겨 세로로 얇게 썰고, 사과는 얇게 반달 모양으로 썬다.
2. 순무 잎을 4cm 길이로 잘라서 내열 용기에 담고 랩을 씌워 전자레인지에 1분 30초 정도 돌린 후 차가운 물에 식히고 물기를 뺀다.
3. 볼에 분량의 드레싱 재료를 모두 넣고 고르게 섞은 후 손질한 재료들을 넣어 버무린다.
4. 접시에 담고 기호에 따라 핑크 페퍼를 뿌린다.

➕ 순무는 엽산이 풍부해 조혈 효과가 있다. 잎에는 당질 대사를 촉진하는 비타민 B1과 B2, 항산화 기능이 있는 베타카로텐과 비타민 C가 풍부하다.

시금치 미역 중국식 무 샐러드 #08

시금치의 베타카로틴 성분이 체내에서 비타민 A로 변해 항산화 작용을 한다.
미네랄이 풍부한 미역은 혈중 콜레스테롤을 낮추고
참기름에 함유된 세사민은 활성 산소를 억제한다.

재료 2인분

시금치 1단(200g)
건미역 3g
무 150g
당근 20g
소금 약간
볶은 참깨 ½큰술

드레싱

참기름 1.5큰술
연겨자 ½작은술
식초 1큰술
간장 1큰술

1. 끓는 물에 소금을 넣고 시금치를 데친 후 차가운 물에서 식히고, 물기를 빼서 5cm 길이로 자른다.
2. 미역을 물에 5분 정도 담갔다가 물기를 뺀다.
3. 무와 당근을 5cm 길이로 채 썬다.
4. 볼에 분량의 드레싱 재료를 모두 넣고 섞은 후 손질한 재료들을 넣어 고르게 버무리고 참깨를 뿌린다.

➕ 토마토를 잘게 썰어 넣으면 항산화 효과가 높아진다.
생강을 채 썰어 넣으면 색다른 맛을 즐길 수 있다.

채소상식 01

여름 채소는 생으로,
겨울 채소는 익혀 먹어야 하는 이유

샐러드용 시금치, 샐러드용 소송채, 샐러드용 경수채 등 개량된 채소가 많아졌다. 샐러드용이므로 생으로 먹을 수 있다. 그러나 시금치와 소송채, 경수채 등은 겨울이 제철인 채소다. 떫은맛과 매운맛이 강해, 살짝 데쳐서 떫은맛을 제거해야 맛있다. 또한 푸른 잎 채소에는 당뇨병 위험을 높이는 초산성 질소(질소태) 성분이 함유돼 있다. 초산성 질소는 열을 가하면 절반으로 줄어든다. 샐러드용으로 개량된 채소에 초산성 질소가 얼마나 남아 있는지 알 수 없지만, 본래의 특성을 생각한다면, 겨울 야채는 '샐러드용'이더라도 끓는 물에 살짝 데쳐 먹어야 안전하다.

토마토나 오이 등은 여름 채소이므로 안심하고 생으로 먹을 수 있다. 여름 채소인지 겨울 채소인지 구분하기 어렵다면 가지에 매달려 있는 채소는 여름 채소라고 생각하면 쉽다.

> 채소
> 상식
> 02

영양 손실 없는
말린 채소 활용법

남은 채소는 말려 두면 오래 보관할 수 있다. 잎채소는 그대로 말리고, 뿌리채소는 얇게 썰어서 말린다. 물에 불려서 조리해도 되지만, 불릴 때 영양분이 빠져나갈 수 있으므로 불리는 방법에도 요령이 필요하다. 건조된 상태 그대로 조리해야 영양은 물론 말린 채소 특유의 맛이 살아난다. 예를 들어 우엉은 얇게 썰어서 바싹 말린 후 건조된 상태로 팬에 살짝 볶아서 손으로 잘게 부순 다음 파스타나 샐러드에 토핑하면 특유의 풍미와 바삭한 식감을 즐길 수 있다.

장내 환경 개선으로
면역력을 높이는 샐러드

: 수용성 식이섬유가 풍부한 채소로 장 건강을 지킨다.

식이섬유는 수용성 식이섬유와 불용성 식이섬유가 있다. 수용성 식이섬유는 오크라나 마 등의 점액질 채소와 해조류에 많고 물에 잘 녹는다. 불용성 식이섬유는 대부분의 채소에 함유돼 있으며 물에 녹지 않는다. 두 식이섬유가 장에서 하는 역할은 다르다. 불용성 식이섬유는 대변의 부피를 증가시키고 당과 지방을 흡착한다. 수용성 식이섬유는 장내에서 겔(Gel) 상태가 되어 대변이 쉽게 통과할 수 있게 하며 장내 환경을 개선한다. 장내에는 1,000종류 이상, 약 100조 개의 세균이 서식하며 장내 플로라(장내 세균 환경)를 형성한다. 수용성 식이섬유는 장내 유익균의 먹이가 되어 pH(장의 산도)를 조절하고 장 점막의 방어력을 높여 면역력을 향상시킨다. 수용성 식이섬유가 부족하면 나쁜 균과 칸디다 균이 활성화되면서 장내 환경이 나빠지고 체력 저하와 함께 암 발생 위험이 커진다. 두 가지 식이섬유가 함유된 식품과 장내 세균 균형을 맞춰주는 발효 식품, 장 점막을 강화해 영양소 흡수를 돕는 비타민 A와 D를 함께 섭취한다면 늘 건강한 몸을 유지할 수 있다.

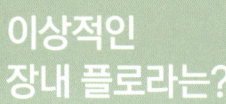

이상적인 장내 플로라는?

장내 세균은 식물이 군생하는 것처럼 종류별로 밀집되어 있는데 그 모습이 꽃밭과 유사하여 『장내 플로라』라고 한다. 유익균(중간균 포함)과 유해균이 8:2 비율로 장내 플로리를 형성할 때 가장 이상적이다.

장내 환경을 개선하는 식품

수용성 식이섬유
참마, 오크라, 우엉, 해조류

불용성 식이섬유
새송이버섯, 목이버섯, 표고버섯, 브로콜리, 차조기잎, 참깨, 파슬리, 무말랭이

비타민 D
목이버섯, 만가닥버섯, 표고버섯

비타민 A
멜로키아, 당근, 쑥갓, 완두 순, 시금치, 단호박, 김, 미역, 소송채, 부추, 물냉이, 파슬리

발효 식품
된장, 김치, 치즈, 요거트

튀긴 우엉 카망베르 쑥갓 샐러드　　#09

수용성 식이섬유와 불용성 식이섬유가 모두 함유된 우엉과
발효식품인 카망베르치즈의 만남은 장이 반기는 조합이다.
튀긴 우엉의 바삭바삭 씹히는 맛과 은은하게 퍼지는 쑥갓 향이 매력적인 샐러드.

재료 2인분

우엉 ½개(80g)
쑥갓 80g
적양배추 1장(40g)
카망베르치즈 ½개(50g)
튀김용 오일

드레싱

다진 마늘 약간
올리브유 1.5큰술
식초 ½큰술
간장 ½큰술
소금 약간

1 우엉의 껍질을 벗기고 필러로 13~14cm 정도 굵은 리본 형태로 깎아서 찬물에 5분 정도 담근 후 키친타월로 물기를 닦는다.
2 쑥갓은 잎만 떼어내고 적양배추는 얇게 채썰기, 까망베르치즈는 6등분 한다.
3 팬에 오일을 두르고 170℃로 달군 후 우엉을 3~4분 정도 거품이 거의 나오지 않을 때까지 튀긴 후 기름을 빼고 식힌다.
4 분량의 드레싱 재료를 한데 넣고 고르게 섞는다.
5 쑥갓, 적양배추, 카망베르치즈를 접시에 고르게 담고 튀긴 우엉을 올린 후 드레싱을 붓는다.

✚ 수용성 식이섬유가 풍부한 오크라를 데쳐 넣거나
불용성 식이섬유가 풍부한 버섯류(새송이버섯, 표고버섯)를 구워서 추가해도 좋다.

마 무순 낫토 샐러드   #10

수용성 식이섬유가 풍부한 마의 점액질인 '뮤신' 성분이 위를 보호한다.
삶은 콩을 발효시켜 만든 낫토는 장내 환경을 개선한다.
소화 효소가 풍부한 무순을 샐러드에 얹으면 신선한 느낌을 준다.

재료 2인분

마 200g
소송채 ½다발(100g)
무순 ¼팩
낫토 2팩(80g)

드레싱

매실장아찌 1개(15g)
낫또에 동봉된 양념 2봉
참기름 1.5큰술
폰즈 간장 1큰술

1. 마를 5cm 길이로 굵게 채 썰고 무순은 밑동을 잘라낸다.
2. 소송채는 랩으로 살짝 감싸서 전자레인지(600W)로 1분 30초 정도 익히고 찬물에 담가 열을 식힌 후 물기를 짜고 5cm 크기로 자른다.
3. 볼에 분량의 드레싱 재료를 모두 넣고 섞은 후 낫토를 풀고 마와 소송채를 버무린다.
4. 서빙 접시에 담고 무순을 보기좋게 올린다.

완두 순 전갱이 미소 샐러드　　　#11

완두콩의 새싹인 완두 순에는 콩과 채소의 영양 성분이 모두 들어 있다.
비타민 D가 풍부한 해산물이 면역력을 향상시키고
발효 식품인 된장 드레싱이 재료의 맛을 살린다.

재료 2인분

반건조 전갱이 200g
완두 순 100g
방울토마토 8개
푸른 차조기잎(또는 깻잎) 6장
구운 김 ½장
오일(구이용) 1.5큰술
흰 볶은 참깨 1.5큰술

드레싱

생강 ½쪽 (곱게 갈기)
참기름 1.5큰술
된장 1.5큰술
식초 1작은술
간장 ½작은술

1. 전갱이를 오일을 두른 팬에 5분 정도 구워서 식힌 후 뼈를 제거하고 살만 발라낸다.
2. 완두 순은 밑동을 제거하고 반으로 자른다.
3. 방울토마토는 길게 이등분하고 차조기잎과 구운 김은 손으로 찢는다.
4. 볼에 분량의 드레싱 재료를 모두 넣고 섞은 후 1, 2의 재료를 모두 넣고 고르게 버무린다.
5. 접시에 담고 깨를 뿌린다.

✚ 완두 순은 베타카로틴과 비타민 C가 풍부하고 비타민 B1, B2, B6가 소송채보다 많으며 단백질 보급원으로도 좋다. 수용성 식이섬유가 풍부해 장내 세균 환경을 개선한다.

단호박 오크라 인도식 핫 샐러드　　　#12

불용성 식이섬유가 풍부한 단호박과 점액질 성분이 있는 오크라의 조화는
디톡스 및 정장(장을 건강하게 하고 장의 활동을 돕는 작용) 효과가 뛰어나다.
큐민씨드는 배변 및 소화 활동을 도우며 맛의 포인트 역할을 한다.

재료 2인분

단호박 작은 것 ¼개(250g)
오크라 6개
양파 ¼개(다지기)
마늘 1쪽(다지기)
올리브유 1큰술
큐민씨드 ½작은술
소금 약간
물 ½컵(단호박 찜용)

양념

카레가루 1작은술
소금 ⅓작은술
후추 약간(굵게 갈기)

1　단호박의 씨를 제거하고 한입 크기로 자른다.
2　오크라는 꼭지 부분을 동그랗게 도려내거나 조금 잘라내고(꼭지 주변의 단단한 부분이 쓴맛이 나므로) 굵은 소금으로 살살 문지르며 이물질을 제거한 후 흐르는 물에 씻는다 .
3　팬에 올리브유를 두르고 중불에서 큐민씨드와 마늘을 볶다가 향이 올라오면 양파를 넣고 투명해질 때까지 2분 정도 볶는다.
4　3에 오크라를 추가해 볶다가 분량의 양념 재료를 모두 넣고 살짝 더 볶는다.
5　찜기에 단호박의 껍질 면이 아래로 향하게 놓고 중불에서 7~8분간 찐다. 젓가락으로 찔러 보았을 때 가볍게 들어갈 정도면 꺼내서 식힌다.
6　4번 팬에 찐 단호박을 넣어 살살 섞으며 조금 더 볶는다.

✚ 불용성 식이섬유가 풍부한 병아리콩을 삶아서 추가해도 좋다.

멜로키아 부추 두부 샐러드 #13

멜로키아는 채소 중 불용성 식이섬유의 함유량이 가장 높은 식품으로 디톡스에 효과적이다.
부추에 함유된 '아리신'이 피로 회복과 면역력을 높이고
두부에 함유된 올리고당이 장내 유익균을 증가시킨다.

재료 2인분

멜로키아(또는 시금치) 100g
부추 30g
단단한 두부 1모(200g)
샐러드용 채소 ⅓줌
소금 약간
검은깨 적당히

드레싱

참기름 1.5큰술
간장 1큰술
설탕 ½작은술

1 두부를 키친타월이나 면보로 감싸 두부와 비슷한 무게의 용기로 15분 정도 지그시 눌러 물기를 뺀 후 두부의 질감을 살려 손으로 크직하게 자른다.
2 샐러드용 채소를 손으로 적당히 뜯고 멜로키아(또는 시금치)는 잎만 떼어낸다.
3 끓는 물에 소금을 넣고 멜로키아와 부추를 넣어 살짝 데친 후 찬물에 헹구고 물기를 짠 후 3~5cm 길이로 자른다.
4 볼에 분량의 드레싱 재료를 모두 넣고 섞은 후 데친 멜로키아와 부추를 넣어 고르게 버무린다.
5 접시에 두부와 샐러드 채소를 담고 4를 올린 후 검은깨를 뿌린다.

➕ 발효 식품인 낫토나 식이섬유가 풍부한 차조기잎을 추가하면 장 개선에 더욱 효과적이다.

2가지 소스의 스틱 샐러드   #14

파프리카나 당근 등의 유색 채소는 장관 면역력을 높이는 비타민이 풍부하다.
아스파라거스의 불용성 식이섬유는 장 디톡스 효과가 있다.
두 가지 딥소스는 장내 유산균을 활성화시키는 재료의 조합으로
식이섬유가 풍부한 브로콜리나 오이, 샐러리, 오크라 등 다양한 채소에 어울린다.

재료
노랑 파프리카 ½개
당근 ⅓개(50g)
아스파라거스 1개

드레싱
· 미소 크림 소스
크림치즈 50g(미리 실온에 꺼내 두기)
된장 2작은술
우유 1작은술

· 요거트 소스
플레인 요거트 3큰술(수분 제거하기*)
명란 1큰술
다진 마늘 약간

1 아스파라거스의 밑동을 1.5cm 잘라내고 껍질을 얇게 벗겨 끓는 물에 2분 정도 데친 후 물기를 빼고 3등분 한다.
2 파프리카와 당근을 스틱 모양으로 자른다.
3 두 개의 볼에 소스 재료를 각각 담고 고르게 섞어 채소에 곁들인다.

*플레인요거트 수분 제거하기 : 볼에 체를 얹어 키친타월을 한 장 깔고 플레인요거트를 부은 후 랩을 씌운다. 양이 절반 정도 줄어들 때까지 하루 동안 냉장 보관한다.

흰 강낭콩 베이컨 화이트와인비네거 샐러드 #15

비타민과 미네랄이 풍부한 흰 강낭콩은 데치면 식이섬유가 증가한다.
화이트와인비네거와 궁합이 좋은 적양파는 올리고당이 함유돼 있어
장내 유익균을 증가시키고 샐러드의 색을 돋보이게 한다.

재료 2~3인분
삶은 흰 강낭콩* 200g
베이컨 2장
적양파 ¼개
이탈리안 파슬리 3줄기

드레싱
올리브유 2큰술
화이트와인비네거 1큰술
소금 ¼작은술
후추 약간

1 베이컨을 먹기 좋은 크기로 길게 자르고 적양파는 얇게 채썰기, 이탈리안 파슬리는 잘게 다진다.

2 팬에 베이컨을 올리고 중불에서 노릇노릇해질 때까지 굽는다.

3 볼에 분량의 드레싱 재료를 넣고 섞은 후 1, 2번 재료들을 모두 넣고 고르게 버무린다.

*흰 강낭콩 삶는 법(흰 강낭콩 80g을 삶으면 약 200g이 된다.)
1. 흰 강낭콩을 콩 분량의 3배 정도의 물에 하루 정도 불린다.
2. 콩이 완전히 잠길 정도의 물과 함께 콩을 넉넉한 크기의 냄비에 넣고 중불에서 삶는다.
3. 끓어오르면 콩이 잠길 때까지 물을 추가하고, 다시 끓어오르면 거품을 걷어낸다.
4. 손으로 콩을 눌렀을 때 부드럽게 으깨질 때까지 약불에서 45분~1시간 정도 삶는다.

✚ 포만감을 원하면 볶은 표고버섯을 추가해도 좋다.

마 참치 매콤 샐러드 #16

참치는 면역력 강화에 필수적인 비타민 D가 풍부하다.
마에 함유된 소화 효소가 참치의 영양 흡수를 돕는다.
유산균의 보물창고인 매콤한 배추김치가 입맛을 당긴다.

재료 2인분

마 250g

참치(사시미용) 120g

배추김치 60g

채 썬 김 적당히

드레싱

참기름 1.5큰술

두반장 ⅓작은술

간장 1큰술

1 마의 껍질을 벗겨 큼직하게 잘라서 비닐백에 넣고 밀대를 이용해 먹기 좋게 두드린다.
2 볼에 분량의 드레싱 재료를 모두 넣어 섞은 후 배추김치와 참치를 넣고 고르게 버무린다.
3 접시에 마를 담고 2의 참치 배추김치 무침을 올린 후 채 썬 김을 얹는다.

✚ 삶은 오크라나 푸른 차조기잎(또는 깻잎), 깨를 추가하면 일품요리로 손색없다.
✚ 마는 비타민과 미네랄은 물론 디아스타제와 아릴라제 등의 소화 효소가 풍부해 식품의 소화와 영양소 흡수를 돕는다. 마의 점액질 성분인 뮤신은 장 점막을 보호해 유익균을 증식시킨다.

무말랭이 코울슬로 샐러드 #17

무말랭이는 무보다 영양이 많고
효율적으로 식이섬유를 섭취하게 해주는 지혜로운 먹거리다.
오이와 적양파가 들어가 맛이 상큼하고
뿌리채소와 올리브유의 조합으로 특히 변비에 좋다.

재료 2인분
무말랭이 30g
오이 ½개
슬라이스햄 2장
적양파 ⅛개

드레싱
마요네즈 2큰술
올리브유 약간
레몬즙 1작은술
소금 한꼬집
후추 약간

1 무말랭이를 살짝 헹궈서 푹 잠길 정도의 넉넉한 물에 10분 정도 불린 후 물기를 꼭 짠다.
2 오이와 햄, 적양파를 비슷한 크기로 가늘게 채 썬다.
3 볼에 분량의 드레싱 재료를 모두 넣어 섞은 후 1, 2의 재료를 모두 넣고 고르게 버무린다.

✚ 큐브 형태로 자른 치즈를 추가하면 감칠맛이 나면서 장관 면역력도 높아진다.

브로콜리 콩 김 샐러드   #18

브로콜리는 불용성 식이섬유가 풍부한 장 건강 지킴이다.
콩에 함유된 올리고당은 장내 유익균 증식을 도우며
변비 해소에 좋다.

재료 2인분

브로콜리 200g

통조림 콩 1캔(120g)

소금 약간

드레싱

김 조림 1.5큰술

검은깨 ½큰술

참기름 1.5큰술

소금 약간

1 브로콜리 송이 부분을 먹기 좋게 작게 나누고, 줄기는 껍질을 벗겨 5mm 두께로 동그랗게 자른다.

2 끓는 물에 소금을 넣고 브로콜리를 2분 30초 정도 데친 후 체에 밭쳐 물기를 뺀다.

3 볼에 분량의 드레싱 재료를 모두 넣고 섞은 후 브로콜리와 콩을 넣고 고르게 버무린다.

✚ 브로콜리는 비타민 C가 레몬보다 많고 베타카로틴과 비타민 K, E, 엽산 등 다양한 영양소가 집합된 식품이다. 채소 중 식이섬유 함유량이 가장 많으며 특히 불용성 식이섬유가 풍부해 변비 해소 및 장내 디톡스 효과가 뛰어나다.

오크라 김치 한국식 찹 샐러드   #19

오크라의 점액 성분인 뮤신과 펙틴, 김치의 유산균은
장 개선 효과를 높이는 강력한 조합이다.
꽃상추와 목이버섯 역시 풍부한 식이섬유를 자랑한다.

재료 2인분
꽃상추 100g
목이버섯 3g
오크라 6개
배추김치 60g
프로세스치즈 50g
소금 약간
실고추 약간

드레싱
참기름 1큰술
고추장 1큰술
식초 1작은술
간장 ½큰술
설탕 1큰술

1 꽃상추를 사방 2~3cm 크기로 자르고, 목이버섯은 찬물에 충분히 담가 15분 정도 불린다. 오크라는 굵은 소금으로 살살 문질러 이물질을 제거하고 흐르는 물에 씻는다.
2 프로세스치즈(가공 치즈)를 1.5cm의 큐브 모양으로 자르고 배추김치는 먹기 좋게 자른다.
3 끓는 물에 소금(약간)을 넣고 목이버섯을 살짝 데친 후 물기를 빼고 식으면 딱딱한 부분을 제거하고 반으로 자른다.
4 오크라를 3분 정도 삶아서 식히고 1cm 크기로 썬다.
5 볼에 분량의 드레싱 재료를 모두 넣고 고르게 섞는다.
6 접시에 모든 재료를 담고 드레싱을 부은 후 실고추를 토핑해 살살 섞어가며 먹는다.

✚ 양파를 얇게 썰어 물에 10분 정도 담가 아린 맛을 제거하고 곁들이면 장이 더욱 활성화된다.

버섯 발사믹식초 샐러드 #20

버섯류는 장의 연동 운동 및 배변 활동에 좋은 불용성 식이섬유가 풍부하다.
표고버섯 특유의 향을 내는 성분이 면역력과 저항력을 높이고
새송이버섯의 올리고당 성분이 정장 작용을 돕는다.

재료 2인분

표고버섯 5개(100g)
새송이버섯 2개(100g)
마늘 ½쪽(다지기)
홍고추 1개(씨 제거)

드레싱

올리브유 2큰술
발사믹 식초 ½큰술
간장 1큰술

1 표고버섯의 밑동을 제거해 반으로 자르고, 새송이버섯은 가로로 2등분 한 후 세로로 한 번 더 자른다.
2 내열 용기에 분량의 드레싱 재료를 모두 넣고 섞은 후 표고버섯, 새송이버섯, 마늘, 홍고추를 넣고 고르게 버무린다.
3 2에 랩을 씌워 전자레인지에서 4분 정도 익힌다.
4 드레싱이 고르게 스미도록 살살 섞어주며 식힌다.

✚ 가늘게 채 썬 우엉을 삶아서 추가하면 장운동이 더욱 활발해지고 식감도 좋다.

매실 푸른 차조기잎 양파 샐러드 #21

양파에 함유된 올리고당이 장내 비피두스균의 증식을 돕는다.
푸른 차조기잎이나 매실장아찌는 장운동을 촉진하고
가다랑어포는 부족하기 쉬운 비타민 D를 보충하기에 좋다.

재료 2인분

양파 1개(200g)
푸른 차조기잎(또는 깻잎) 5장
가다랑어포 3g
매실장아찌 15g

드레싱

쯔유(3배 농축) ½큰술
참기름 1큰술

1 양파를 세로로 얇게 썬다.
2 얇게 썬 양파를 여러 번 물을 갈아주며 5분 정도 찬물에 담갔다가 물기를 뺀다. 차조기잎은 손으로 잘게 찢는다.
3 분량의 드레싱 재료를 한데 넣고 고르게 섞는다.
4 양파, 차조기잎, 가다랑어포, 매실장아찌를 고르게 섞어 접시에 담고 드레싱을 붓는다.

➕ 양파는 수용성·불용성 식이섬유를 모두 갖고 있어 장내 환경 개선에 더없이 좋은 채소다. 양파 향의 성분인 '황화알릴'은 비타민 B1의 흡수율을 높이고 혈액순환을 개선해 동맥경화를 예방한다.

해초 중국식 당면 샐러드 #22

해조류는 비타민과 미네랄이 풍부하고 칼로리가 낮아 다이어트에 좋다.
건조된 해초는 손질이 간편해 수용성 식이섬유가 풍부한 해조류를 섭취할 좋은 방법이다.
새콤달콤한 드레싱으로 언제 먹어도 맛있는 샐러드.

재료 2인분

게맛살 70g
건조 해초 모듬 8g
목이버섯 3g
당면 50g
소금 약간
볶은 참깨 약간

드레싱

참기름 1.5큰술
머스타드 ½작은술
간장 1.5큰술
식초 ½큰술
설탕 ½작은술

1. 게맛살을 손으로 잘게 찢는다.
2. 해초 믹스는 5분, 목이버섯은 15분 정도 물에 불린 후 물기를 뺀다.
3. 끓는 물에 소금을 넣고 목이버섯을 살짝 데친 후 단단한 부분을 제거하고 잘게 썬다.
4. 당면을 삶아서 찬물에 헹구고 물기를 뺀 후 먹기 좋게 자른다.
5. 볼에 분량의 드레싱 재료를 모두 섞은 후 손질한 재료들을 넣고 고르게 버무린다.
6. 접시에 담고 참깨를 뿌린다.

채소
상식
03

채소의 색이 다른 이유

색이 진하고 강한 채소일수록 영양이 많다고 알려졌지만, 꼭 그렇다고는 할 수 없다. 빨간색이나 보라색 채소는 흰색과 녹색 채소에 없는 영양소가 많고 반대로 초록색과 흰색 채소는 빨간색과 보라색 채소에 없는 영양소가 많다. 적색 무는 폴리페놀[1]과 플라보노이드[2]가 많고 흰색 무는 이소플라본[3]이 많다. 채소마다 좋은 영양 성분이 다를 뿐이다.

채소의 색은 그 채소의 영양 성분을 대변한다. 영양가가 많다는 이유로 진한 색의 채소만 고집하기보다 여러 가지 색의 채소를 골고루 섭취하는 것이 영양학적 면에서 바람직하다.

1) 몸속 활성산소(유해산소)를 해가 없는 물질로 바꿔주는 항산화물질 중 하나.
2) 폴리페놀의 일종. 주로 식물에 포함된 떫은맛, 매운맛, 쓴맛을 내는 색소 성분으로 항산화 효과가 있다.
3)콩에 들어있는 화학물질로 여성호르몬인 에스트로겐과 유사한 기능을 담당하여 식물성 에스트로겐이라 불린다.

채소 상식 04

냉동 채소 조리법

채소는 구매한 날부터 영양가와 신선도가 떨어지기 시작하므로 남은 채소를 냉동 보관해야 할 때가 있다. 수분이 많은 채소는 냉동 보관 시 성에가 낄 수 있다. 성에가 낀 채소는 해동 시 맛과 식감이 떨어지므로 얼린 채소를 사용할 때는 삶든 찌든 볶든 냉동된 상태로 바로 조리하는 것이 좋다.

다만, 조리 과정에서 성에가 녹으며 수분이 증가하므로 간을 맞출 때 참고하자. 냉동된 채소는 생채소보다 조리 시간은 길지만 씻고 손질할 시간이 필요 없다. 무나 순무 등은 먹기 좋은 크기로 잘라 가볍게 데쳐서 냉동 보관하면 그 상태로 된장국이나 조림에 넣을 수 있어 간편하다.

근육과 뼈를 강화해
체력을 향상시키는 샐러드

: 채소의 비타민이 단백질과 칼슘의 흡수를 돕는다.

근육과 장기, 뼈를 강화하려면 육류나 생선 등 동물성 단백질 섭취가 중요하다. 그런데 고기와 생선을 챙겨 먹어도 비타민 B군을 제대로 섭취하지 않으면 효과를 기대하기 어렵다. 동물성 단백질은 뇌와 신경 활동을 정상적으로 유지하는 데 필요한 비타민 B1(티아민), 탄수화물 및 지방 대사에 필요한 비타민 B2(리보플라빈), 단백질 대사에 필요한 B6(피리독신), 적혈구 정상화에 필수적인 비타민 B12(시아노코발라민)가 들어있는 음식과 함께 섭취할 때 효과가 극대화된다. 여기에 비타민 C를 추가하면 철분 흡수율을 높여 빈혈 예방에도 도움이 된다. 엽산과 나이아신(비타민 3), 펜토텐(비타민 B5)이 함유된 음식도 단백질과 함께 섭취하면 좋다. 뼈 형성에 영향을 미치는 영양소는 단백질과 칼슘, 비타민 K, D이며 특히 칼슘은 비타민 D와 동시에 섭취했을 때 체내 흡수율이 높아진다.

엽산
B12와 함께 적혈구를 만든다. 특히 임산부는 태아의 신경관 폐쇄 장애 리스크를 줄이기 위해 충분히 섭취해야 한다.

펜토틴산
단백질, 지방, 탄수화물의 대사를 돕는다. 수용성 비타민의 하나로 호르몬과 면역 항체 생성에 관여한다.

나이아신
펜토텐산과 같은 탄수화물, 지방, 단백질 대사에 중요한 역할을 한다. 음주 시 감소하고 결핍될 경우 피부염이나 위장염 등이 생길 수 있다.

근육을 강화하는 재료

단백질
콩, 생선, 닭고기, 쇠고기, 돼지고기

비타민 B1
껍질째 먹는 완두콩, 단호박, 브로콜리, 완두 순, 고구마, 견과류, 돼지고기, 장어, 명란젓

비타민 B2
버섯, 잎새버섯, 멜로키아, 완두 순, 간, 장어, 우유

비타민 B6
아보카도, 홍피망, 멜로키아, 마늘, 바나나, 가다랑어, 참치, 꽁치

비타민 B12
굴, 꽁치, 모시조개

엽산
브로콜리, 시금치, 아스파라거스, 풋콩, 고춧잎, 갓, 유채

펜토텐산
아보카도, 버섯, 새송이버섯, 멜로키아, 브로콜리, 낫토

나이아신
잎새버섯, 송이버섯, 새송이버섯, 가다랑어, 명란젓, 땅콩

뼈를 강화하는 재료

칼슘
소송채, 청경채, 콩류, 우유, 유제품, 작은 물고기

비타민 K
시금치, 소송채, 부추, 브로콜리, 꽃상추, 오이, 낫토

비타민 D
연어, 장어, 꽁치, 참치, 고등어, 계란 등

데리마요치킨 홍피망 샐러드 #23

닭가슴살은 이미다졸 펩타이드가 함유된 양질의 단백질로
몸의 피로감을 줄이는 효능이 있다.
비타민 C가 풍부한 홍피망과 양배추는 닭고기의 철분 흡수율을 높인다.

재료 2인분

닭가슴살 200g
홍피망 2개
완두 순 100g
양배추 50g
녹말가루 적당히
올리브유 ½큰술
소금 약간
볶은 참깨 적당히

양념

마요네즈 2큰술
간장 1.5큰술
설탕 ½큰술

1 밑동을 잘라내고 반으로 자른 완두 순과 잘게 채 썬 양배추를 듬성듬성 섞어 서빙용 볼에 넓게 펴 담고 소금을 살짝 뿌려 둔다.
2 홍피망을 한입 크기로 자르고 닭가슴살은 한입 크기의 큐브 형태로 잘라 얇게 녹말가루를 묻힌다.
3 분량의 양념 재료를 소스볼에 넣고 고르게 섞는다.
4 팬에 올리브유를 두르고 중불로 달군 후 닭가슴살과 홍피망을 2분 정도 굽다가 뒤집어서 1분 30초 정도 더 굽고 3의 양념을 넣고 재료 표면에 윤기가 돌게 볶는다.
5 양배추와 완두 순을 섞어 담은 서빙용 볼에 4를 올리고 참깨를 솔솔 뿌린다.

✚ 비타민 B가 풍부한 (얇게 썬) 구운 단호박을 추가하면 단백질 흡수율이 높아지고 약간의 포만감도 느낄 수 있다.

소고기 오이 에스닉 샐러드 #24

피와 근육을 만드는 헴철 및 비타민 B1이 풍부한 소고기가 주재료로 들어가
충분한 단백질 섭취가 가능한 영양 만점 샐러드다.
비타민 K를 함유한 쑥갓은 뼈를 강화하고 고수는 육류의 소화를 돕는다.

재료 2인분

소고기(샤부샤부용) 100g
오이 2개
쑥갓 50g
고수 15g
소금 약간
땅콩 10g

드레싱

홍고추 ½개(송송 썰기)
들기름 1.5큰술
피시 소스 2작은술
레몬즙 2작은술
설탕 1작은술
후추 약간

1 오이는 세로로 4등분 한 후 5cm 길이로 자르고 쑥갓은 잎만 떼어내고 고수는 2cm 길이로 자른다.
2 끓는 물에 소금과 소고기를 넣고 고기 색이 변할 때까지 살짝 데친 후 체에 건져 식힌다.
3 분량의 드레싱 재료를 소스볼에 넣고 고르게 섞는다.
4 볼에 오이와 쑥갓, 고수, 데친 소고기를 넣고 3의 드레싱으로 버무린 후 접시에 담고 땅콩을 2~3조각으로 쪼개서 뿌린다.

✚ 채 썬 홍피망을 추가하면 비타민 B6 성분이 단백질 흡수력을 높인다.

샤부 돼지고기 청경채 샐러드 #25

돼지고기는 근육과 피부를 만드는 단백질 및 비타민 B 군을 동시에 섭취할 수 있는 식품이다.
청경채와 양파가 돼지고기의 영양소 흡수를 돕는다.
어떤 채소와도 궁합이 잘 맞는 간장 양파 드레싱으로 담백하게 즐기는 샐러드.

재료 2인분

돼지고기(샤부샤부용) 200g

청경채 250g

무순 100g

소금 약간

드레싱

양파 ⅛개(곱게 갈기)

참기름 2큰술

간장 1.5큰술

1 청경채 잎을 2~3등분 하고 줄기 부분은 얇게 썬다. 무순은 밑동을 잘라 낸다.

2 끓는 물에 소금을 넣고 청경채를 줄기-잎 순서로 살짝 데친 후 건져서 얼음물에 식히고 물기를 짠다.

3 2의 청경채 삶은 물에 돼지고기를 넓게 펴 넣어 중약불에서 살짝 데친 후 체에 건진다.

4 볼에 분량의 드레싱 재료를 모두 넣고 고르게 섞은 후 데친 청경채와 돼지고기, 무순을 넣고 버무린다.

참치 아보카도 달걀 샐러드 #26

참치는 단백질과 세포막을 생성하는 DHA와 EPA가 풍부하다.
아보카도는 양질의 불포화지방산과 비타민 E가 풍부해
나쁜 콜레스테롤(LDL) 수치를 낮춘다.

재료 2인분
참치회 150g
아보카도 1개
삶은 달걀 3개
소금 ¼작은술
후추 한꼬집
올리브유 1작은술

드레싱
마요네즈 2큰술
씨겨자 ½큰술
레몬즙 ½작은술
소금 ¼작은술
후추 약간

1 참치회를 작게 한입 크기로 잘라 소금과 후추로 간한다.
2 아보카도를 한입 크기로 자르고 삶은 달걀은 손으로 3~4등분 한다.
3 팬에 올리브유를 두르고 중불로 뜨겁게 달군 후 참치회를 올려 2분 정도 굽다가 노릇해지면 뒤집어서 1분 정도 더 굽고 꺼내서 열을 식힌다.
4 볼에 분량의 드레싱 재료를 모두 넣고 고르게 섞은 후 참치와 아보카도, 계란을 넣고 버무린다.

✚ 아보카도는 비타민 E를 비롯한 각종 비타민과 철분 등 미네랄이 풍부하다. 숲속의 버터라 불릴 정도로 영양이 풍부하고 올리브유와 같은 단일 불포화지방산인 올레인산이 풍부해 콜레스테롤 수치를 낮추고 동맥경화 및 고혈압 예방에 도움을 준다.

콩 치즈 델리풍 샐러드 #27

풋콩, 오이, 노랑 파프리카 등 녹황색 채소에는 조혈 작용을 하는 엽산이 가득하다.
'밭에서 나는 소고기'로 불리는 콩은 돼지고기 이상으로 필수 아미노산이 풍부하다.
프로세스치즈(가공 치즈)는 뼈와 신경 건강에 좋다.

재료 2인분
통조림 콩 1캔(120g)
풋콩 100g
오이 ½개
노랑 파프리카 ¼개
프로세스치즈 40g
소금 적당히

드레싱
올리브유 2큰술
레몬즙 1작은술
소금 한꼬집
후추 약간

1 풋콩을 소금으로 문질러 불순물을 제거하고 찬물에 헹군 후 끓는 물에 5~6분 정도 삶는다. 체에 걸러 한 김 식힌 후 콩깍지를 벗긴다.
2 오이와 노랑 파프리카, 프로세스치즈를 1~1.5cm 크기의 큐브 모양으로 자른다.
3 볼에 분량의 드레싱 재료를 모두 넣고 고르게 섞은 후 1, 2의 재료와 통조림 콩을 넣고 버무린다.

✚ 삶은 닭가슴살이나 데친 브로콜리를 추가해 단백질 섭취를 늘려도 좋다.

돼지고기 버섯 상추쌈 샐러드 #28

양질의 단백질인 돼지고기와 칼슘 흡수를 돕는 잎새버섯은 궁합이 좋다.
비타민 C와 베타카로틴이 풍부한 상추와 물냉이가 고기의 소화를 도와
영양소의 분해 및 흡수율을 높인다.

재료 2~3인분

얇게 썬 돼지고기(삼겹살) 150g
잎새버섯 50g
꽃상추 6장
물냉이 ½다발
참기름 1작은술

양념

맛술 1.5큰술
간장 1.5큰술
설탕 1작은술

1. 꽃상추를 서빙 접시 위에 한 장씩 가지런히 올려 둔다.
2. 물냉이는 먹기 좋은 크기로 자르고 잎새버섯은 적당한 크기로 작게 나눈다.
3. 팬에 참기름을 두르고 중불로 달군 후 돼지고기와 잎새버섯을 볶는다. 고기 색이 변하고 잎새버섯의 표면이 매끈해지면 분량의 양념 재료를 넣고 윤기가 돌게 볶는다.
4. 서빙 접시에 올려 둔 꽃상추 안에 물냉이와 3의 돼지고기 버섯볶음을 나누어 올린다.

✚ 아보카도를 작게 잘라 꽃상추에 함께 싸 먹으면 돼지고기의 단백질 대사에 도움이 된다. 달콤하고 짭잘하게 양념 된 돼지고기에 꽃상추를 곁들여 맛이 깔끔하고 담백하다.

연어 허브마리네이드 샐러드 #29

연어는 DHA, EPA, 아스타잔틴, 콜라겐, 비타민 D 등
피부와 신경 세포에 작용하는 안티에이징 성분이 풍부한 슈퍼푸드다.
효소와 비타민 C가 함유된 채소와 함께 섭취할 때 효과적이다.

재료 2~3인분

생연어 150g
양파 ½개(100g)
홍피망 ½개(25g)
파슬리 1큰술
소금 ¼작은술

마리네이드 소스

올리브유 4큰술
레몬즙 1큰술
소금 ½작은술
후추 약간

1. 연어는 소금을 뿌려 5분 정도 그대로 두었다가 키친타월로 물기를 제거하고 얇게 썬다. 양파는 얇게 채썰기 하고, 홍피망은 세로로 얇게 썬다.
2. 넓은 접시에 분량의 마리네이드 재료를 모두 넣고 고르게 섞은 후 양파를 넣고 버무린다. 양파가 부드러워지면 연어와 홍피망, 파슬리를 넣어 고르게 버무리고 소스가 흡수되도록 그대로 둔 상태로 15분 이상 마리네이드한다.

➕ 오이를 얇게 채 썰어 추가하면 뼈 강화에 도움이 된다.
마리네이드 소스에 간 마늘을 약간 추가해도 좋다.

치킨 고구마 샐러드 #30

필수 아미노산의 밸런스가 좋아 탄력 있는 몸을 만드는 데 필수적인 닭고기와
열에 강한 비타민 C와 칼륨이 함유된 고구마의 조화는
운동 후 근육의 피로 회복을 위한 최상의 조합이다.

재료 2인분

닭다리살 200g
고구마 ½개(150g)
브로콜리 80g
아스파라거스 2개
올리브유 적당히
소금 적당히
후추 약간
물 ½컵

1 닭다리살을 한입 크기로 잘라 소금과 후추로 간한다.
  고구마는 1cm 두께로 동그랗게 자르고, 브로콜리는 작은 송이로 나눈다.
  아스파라거스는 밑동을 2~3cm 정도 잘라내고 질긴 껍질을 필러로 벗겨낸 후
  1cm 두께로 어슷썰기 한다.

2 팬에 올리브유(1작은술)를 두르고 중불로 달군 후 닭고기 껍질을 아래로 놓고
  4~5분 정도 굽다가 노릇노릇해지면 뒤집어서 한 번 더 살짝 굽고 꺼낸다.

3 키친타월로 팬의 기름을 닦아내고, 고구마와 닭고기를 겹치지 않게 펼쳐 넣은 후
  브로콜리를 위에 고르게 얹고 분량의 물을 붓는다. 뚜껑을 닫고 중불에서 7~8분 정도 찐 후
  아스파라거스를 넣고 2분 정도 더 찐다.

4 접시에 적당히 섞어 담고 소금과 올리브유를 기호에 맞게 뿌린다.

✚ 단백질 섭취를 늘리려면 삶은 달걀을 얇게 잘라 추가한다.
비타민 B군이 풍부한 호두를 굵게 다져 토핑해도 좋다.

참치 레몬 간장 샐러드   #31

참치는 흡수율이 높은 헴철과 혈액순환에 좋은 DHA, EPA가 풍부하다.
비타민 B1의 활용 효율을 높여주는 마늘과 궁합이 좋으며,
에너지대사를 높여 몸에 활력을 불어넣는다.

재료 2인분
냉동 참치 200g
꽃상추 60g
오이 ½개
마늘 2쪽

드레싱
간 양파 1큰술
간 마늘 약간
참기름 1.5큰술
간장 1큰술
레몬즙 ½큰술

1 꽃상추를 조금 큰 듯한 한입 크기로 뜯고 오이는 길게 반으로 가른 후 얇게 어슷썰기 한다. 마늘은 얇게 슬라이스 한다.
2 분량의 드레싱 재료를 소스볼에 넣고 고르게 섞는다.
3 참치 다다키*를 만들어 먹기 좋은 크기로 얇게 썬다.
4 1의 재료들을 고르게 섞어서 접시에 담고 참치 다다키를 올린 후 드레싱을 부린다.

* 참치 다다키 만들기 : 냉동된 참치의 겉면만 찬물에 씻어 키친타월로 물기를 닦는다.
참치 겉면에 올리브오일을 골고루 바른 후 달군 팬에 겉면만 살짝 익도록 센 불에서 돌려가며 굽는다.

➕ 마늘의 독특한 향은 유기 유황 성분인 알리신으로 비타민 B1의 흡수를 돕는다. 갈거나 얇게 자르는 등의 자극을 줄수록 그 성분이 증가해 체온을 높여 체력을 향상 시킨다. 마늘이 오일과 만나면 생성되는 아호엔 성분은 암을 예방하는 효과가 있다.

나물 송이버섯 돼지고기 미소 샐러드 #32

비타민 B1이 풍부한 돼지고기와 베타카로틴 및 칼슘이 풍부한
소송채의 조합으로 근육과 뼈 건강을 향상시킨다.
다진 돼지고기 양념장만 있으면 어떤 채소든 맛있게 즐길 수 있다.

재료 2인분

소송채 200g
양배추 100g
새송이버섯 50g
다진 돼지고기 150g
참기름 1작은술
물 3큰술
소금 한꼬집

미소 양념

된장 ½큰술
간장 ½큰술
식초 1작은술
물 2큰술
설탕 1작은술
녹말 ½작은술

1 소송채는 5cm 길이로, 양배추는 한입 크기로 자른다.
   새송이버섯은 사방 8mm의 큐브 모양으로 작게 자른다.

2 분량의 양념 재료를 소스볼에 넣고 고르게 섞어 미소 양념을 만든다.

3 팬에 참기름을 두르고 중불에서 돼지고기를 볶다가 고기 색이 변하면
   새송이버섯을 넣어 표면이 매끈해질 때까지 볶은 후 2의 양념을 넣고 걸죽해질 때까지 볶는다.

4 별도의 팬에 양배추와 소송채를 겹쳐 놓고 소금과 물을 뿌린 후 뚜껑을 닫고
   중불에서 부드러워질 때까지 3~4분 정도 찐다.

5 뚜껑을 열고 여분의 수분을 날린 후 고르게 섞어서 접시에 담고
   3의 돼지고기 새송이버섯 양념장을 올린다.

➕ 채소를 찔 때 비타민 B1이 풍부한 껍질째 먹는 완두콩과 비타민 B2가 풍부한
버섯도 함께 쪄 먹으면 뇌 활성화 및 탄수화물과 지방 대사에 도움이 된다.

채소
상식
05

채소를 갈아 먹으면
좋은 이유

사람의 몸속에는 대략 5,000여 종류의 효소가 있다. 효소에는 '소화 효소'와 '대사 효소'가 있어 음식물의 소화 및 호흡, 혈액순환 등의 생명 활동을 위한 에너지를 만든다. 효소는 체내에서 생성되지만 폭음이나 폭식을 통해 소화 효소가 낭비되어 대사 기능이 떨어지면 질병이나 노화의 원인이 된다. 부족한 효소는 샐러드나 생채소를 섭취하는 것으로 보충할 수 있다. 효소를 효과적으로 섭취하려면 채소를 갈아 먹을 것을 추천한다. 채소를 갈면 세포가 파괴되므로 그대로 먹는 것에 비해 효소 흡수율이 2~3배 증가한다. 예를 들어 꽁치 등의 구운 생선에 곱게 간 무즙을 곁들여 먹곤 하는데, 무에는 단백질을 아미노산으로 분해하는 프로테아제가 함유되어 있어 생선과 고기를 소화하기 위한 이상적인 조합이라고 할 수 있다.

채소
상식
06

천연 인슐린 돼지감자

돼지감자는 생김새가 생강처럼 울퉁불퉁한 국화과의 식물이다. 성분의 절반이 '이눌린'이라는 수용성 식이섬유로 이루어져 있는데 이것은 혈당 수치가 급격하게 상승하는 것을 억제하는 효과가 있어 '천연 인슐린'으로 불린다. 고혈압이나 당뇨병으로 고생하는 사람에게는 구세주 같은 식품이다. 특별한 맛이 없어 슬라이스하거나 채 썰어 샐러드에 넣어 생으로 먹는다. 주변에서 쉽게 돼지감자를 구입하기 어렵다면 돼지감자로 만든 차나 착즙 등의 보조식품도 괜찮다. 매일 간편하게 마시며 혈당 수치를 조절할 수 있다.

습관성 질병을 차단하는
혈관 강화 샐러드

: 마그네슘과 칼륨으로 혈압을 조절해 혈관 건강을 유지한다.

나이가 들수록 혈관이 딱딱해지고 혈압이 상승한다. 혈압 조절을 위해 적극적으로 섭취해야 할 영양소는 마그네슘이다. 마그네슘은 체내에서 300종류 이상의 효소 활동을 돕는 중요한 미네랄이다. 마그네슘이 부족하면 혈관에 만성 염증이 생겨 동맥경화나 혈전증 등이 발생할 수 있다. 마그네슘은 우리 몸에서 아연 다음으로 가장 부족해지기 쉬운 영양소이므로 의식적으로 섭취하는 게 좋다.

고혈압이 있는 사람은 염분 과다 섭취에 주의해야 한다. 혈액 속에 여분의 나트륨이 있으면 염도를 낮추려고 혈관 내에 수분이 모여 혈액량이 증가한다. 그 결과 혈관 내벽에 압력이 가해져 혈압이 상승한다. 혈관을 건강하게 유지하려면 마그네슘과 함께 칼륨을 섭취해야 한다. 칼륨이 함유된 채소는 소변을 통해 나트륨을 배출시켜 혈압을 내리는 효능이 있다.

마그네슘 부족의 원인

불규칙한 식생활, 스트레스, 음주, 과도한 운동, 신장 기능 저하, 임신 등이 마그네슘 부족의 원인이 된다. 특히, 스트레스 해소를 위해 음주를 자주 하는 사람은 마그네슘이 소변과 함께 배출되므로 주의를 필요로 한다.

고혈압으로 발생하는 주요 질병

뇌출혈, 뇌경색, 심근경색, 거미막하출혈, 만성 신장병 등

혈관 강화 식품

마그네슘이 풍부한 식품
파래, 미역, 다시마, 녹미채, 참깨, 아몬드, 캐슈넛, 호두, 피스타치오, 차조기, 오크라, 멜로키아, 목이버섯, 두부, 치어, 바지락, 옥수수, 바나나

칼륨이 풍부한 식품
아보카도, 낫토, 시금치, 콩, 아마란스, 멜로키아, 파래, 도로로곤부

혈압을 내리는 마늘의 3가지 주요 성분

알리신
마늘 향에 들어있는 항산화 물질로 체내에서 시스테인이라는 아미노산과 결합하여 혈관을 확장시킨다.

티오에테르류
조리 중에 생성되며 혈소판의 접착력을 약하게 해 혈류를 원활하게 유지시킨다.

유화수소(유황)
마늘을 먹은 후 체내에서 생성되며 말초혈관을 확장해 혈압을 내린다.

일본식 곡물 샐러드 #33

아마란스는 마그네슘과 칼륨이 풍부해 혈압을 내리는 효과가 있다.
아보카도와 두부는 나트륨 배출을 돕는다.
소금에 절인 다시마나 잔멸치를 양념으로 활용하면 염분을 적게 사용하게 된다.

재료 2인분
상추 80g
아마란스 곡물 3큰술
아보카도 1개
단단한 두부 200g
잔멸치 4큰술
염장 다시마채 적당히

드레싱
참기름 1큰술
식초 1큰술
간장 1큰술
후추 약간

1 아마란스를 살짝 헹궈 끓는 물에 15분 정도 삶고 체에 건져 물기를 빼고 열을 식힌다.
2 상추를 2~3cm 길이로 자르고, 아보카도와 두부는 1.5~2cm 큐브 모양으로 자른다. 두부는 키친타월로 감싸 물기를 제거한다.
3 분량의 드레싱 재료를 소스볼에 넣고 고르게 섞는다.
4 접시에 상추와 아보카도, 두부, 아마란스, 잔멸치와 염장 다시마채를 가지런히 담고 드레싱을 뿌린 후 숟가락으로 잘 섞어가며 먹는다.

✚ 삶은 콩과 불린 미역을 추가하면 혈류를 원활히 유지하는 데 도움이 된다.

아보카도 옥수수 감자 샐러드 #34

칼륨이 풍부한 아보카도와 감자는 혈압 상승을 억제한다.
옥수수에 함유된 리노루산과 비타민 E는 유해 콜레스테롤 수치를 낮추고
고혈압 예방에 도움이 된다.

재료 2인분

감자 1개(150g)
잘 익은 아보카도 1개
캔 옥수수 3큰술
마요네즈 3큰술

드레싱

올리브유 1작은술
식초 ½작은술
소금 약간
후추 약간

1 감자를 껍질째 랩으로 감싸 전자레인지(600W)로 2분간 굽고 뒤집어서 1분 정도 더 구운 후 껍질을 벗기고 볼에 으깬다.
2 으깬 감자에 분량의 드레싱 재료를 모두 넣고 고르게 섞은 후 식힌다.
3 2에 아보카도를 넣고 곱게 으깬다.
4 옥수수와 마요네즈를 넣고 고르게 섞어서 접시에 담는다.

➕ 마그네슘이 풍부한 아몬드를 잘게 잘라 토핑하면 혈관 강화에 더 효과적이다.

그리스식 오이 콩 샐러드 #35

부족하기 쉬운 마그네슘은 통조림 콩으로 간편하게 보충해도
혈관의 노화와 혈전을 예방하는 데 도움이 된다.
요거트와 올리브유, 마늘이 들어간 드레싱은 고혈압과 심질환 예방에 좋다.

재료 2인분

통조림 콩(흰 강낭콩, 병아리콩 등) 120g
오이 1개
적양파 ¼개
소금 한꼬집

드레싱

간 마늘 약간
플레인요거트 4큰술
올리브유 2큰술
소금 약간

1 오이의 껍질은 필러를 이용해 길게 줄무늬 형태로 벗기고 7~8mm 두께로 동그랗게 자른 후, 볼에 소금을 넣고 조물조물 무친다.
2 적양파를 작게 다진다.
3 볼에 분량의 드레싱 재료를 모두 넣고 고르게 섞은 후 오이와 양파, 콩을 넣고 버무린다.

➕ 삶은 옥수수나 캔에 든 옥수수를 추가해도 좋다.

멜로키아 오크라 오이 눅진한 샐러드　　#36

칼륨과 마그네슘, 칼슘 등 미네랄이 풍부한 오크라와 멜로키아가
불필요한 나트륨을 배출해 혈압을 조절한다.
오이의 이뇨 작용은 부종과 고혈압 예방에 효과적이다.

재료 2인분

멜로키아 100g
오크라 8개
오이 1개
소금 적당히

드레싱

생강 ½쪽(곱게 갈기)
참기름 1큰술
간장 2작은술
식초 1작은술
설탕 1작은술

1　멜로키아는 잎만 떼어낸다.
　　오크라는 꼭지 부분의 쓴맛 나는 부위를 동그랗게 도려내거나 조금 잘라내고
　　굵은 소금으로 살살 문질러 이물질을 제거하고 흐르는 물에 깨끗이 씻는다.
2　오이를 길게 반으로 가른 후 어슷썰기 한다.
3　끓는 물에 소금을 조금 넣고 멜로키아는 살짝, 오크라는 3분 정도 데친 후
　　차가운 물로 헹구며 열기를 식히고 체에 건져 물기를 제거한다.
4　멜로키아는 큼직하게, 오크라는 1cm 두께로 일정하게 썬다.
5　볼에 분량의 드레싱 재료를 모두 넣고 고르게 섞은 후 오크라와 멜로키아, 오이를 넣고 버무린다.

➕ 마그네슘이 풍부한 잔멸치와 칼륨이 풍부한 파래를 추가해도 좋다.

푸른 차조기잎 파마산치즈 두부 샐러드　#37

푸른 차조기잎(자소엽)의 베타카로틴과 파마산치즈의 아연 성분이
혈관 노화 및 동맥경화를 방지한다.
두부는 콜레스테롤 수치와 혈압을 내리는 리놀레산이 풍부하다.

재료 2인분
단단한 두부 1모(200g)
푸른 차조기잎(또는 깻잎) 6장
파르메산치즈가루 1큰술
후추 약간(굵게 갈기)

드레싱
올리브유 2작은술
간장 2작은술

1 푸른 차조기잎은 채 썰고 두부는 키친타월로 물기를 제거한 후 길고 얇게 잘라 서빙 접시에 넓게 펼쳐 담는다.
2 분량의 드레싱 재료를 소스볼에 넣고 고르게 섞는다.
3 두부 위에 채 썬 차조기잎을 올리고, 파마산치즈가루와 후추를 고르게 뿌린 후 드레싱을 붓는다.

✚ 살짝 데친 톳이나 파래를 얹어도 좋다.

콩 아몬드 그린 샐러드 #38

나트륨 배출 및 혈관 노화를 방지하는 녹황색 채소가 듬뿍 들어간 샐러드.
마그네슘과 오레인산이 풍부한 후추는 어떤 샐러드와도 조화를 이룬다.
가끔은 아몬드를 통째로 넣어 씹는 맛을 즐겨 보자.

재료 2~3인분
어린잎 채소 40g
양상추 50g
래디시 2개
적양배추 1개
통조림 콩 1캔(120g)
아몬드 20g

드레싱
올리브유 1.5큰술
화이트와인비네거 ½큰술
소금 ¼작은술
후추 약간

1 양상추를 한입 크기로 손으로 찢는다.
2 래디시는 얇게 슬라이스하고 적양배추는 얇게 채 썬다.
3 분량의 드레싱 재료를 소스볼에 넣고 고르게 섞는다.
4 볼에 양상추, 래디시, 어린잎 채소, 통조림 콩, 아몬드, 드레싱을 모두 넣고 가볍게 버무린다.

➕ 혈관에 좋은 호두나 피스타치오, 옥수수를 추가하면 멜리퐁 샐러드가 된다.

바냐카우다 샐러드　　　　　　　　　　　　#39

염분 과다 섭취가 특별히 신경 쓰이는 날은
나트륨 배출이 뛰어난 모둠 채소에
혈압을 내려주는 바냐카우다 소스를 곁들인다.

재료 2~3인분
래디시 4~5개
치커리 5~6장
오크라 4~5개
샐러리 ½개

바냐카우다* 소스
안초비(잘게 다지기) 12g
마늘 3쪽
올리브유 6큰술
우유 ½큰술
소금 ¼작은술
(안초비 염도에 따라 조절)

1　마늘은 속 껍질을 벗겨내지 않은 상태로 오븐 토스트기에서 10~12분 정도 굽다가 젓가락으로 찔러 부드럽게 들어갈 정도로 익으면 꺼내서 식힌 다음 속껍질을 벗겨내고 볼에 으깬다.
2　1의 볼에 마늘을 제외한 분량의 소스 재료를 모두 넣고 고르게 섞어 바냐카우다 소스를 만든다.
3　오크라는 꼭지 주변의 쓴맛이 나는 부위를 벗겨내고 소금으로 문지른 다음 세척해서 끓는 물에 3분 정도 데친다. 샐러리와 치커리는 비슷한 길이로 자른다.
4　접시에 오크라와 샐러리, 래디시, 치커리를 보기 좋게 담고, 바냐카우다 소스를 곁들여 찍어 먹는다.

*바냐카우다 소스 : 마늘과 안초비, 올리브오일 등을 넣고 만든 이탈리아 디핑 소스

➕ 나트륨 배출 효과가 뛰어난 오크라는 고혈압 예방에 좋은 야채로 베타카로틴 함유량이 녹황색 채소 중 가장 많다. 오크라의 독특한 점성은 갈락탄, 아라반, 팩틴이라는 식이섬유로, 정장 작용뿐 아니라 콜레스테롤을 낮추는 효과가 있어 생활습관성 질환에 도움이 된다.

양상추 미역 샐러드 #40

양상추와 미역은 칼륨 섭취를 위한 최강의 조합이다.
쪽파에는 마늘처럼 혈압을 내려주는 알리신이 함유돼 있다.
드레싱에 들어간 식초와 참기름은 혈액순환을 돕는다.

재료 2인분

양상추 100g
쪽파 3개
건미역 3g
볶은 참깨 적당히

드레싱

간 마늘 약간
참기름 1.5큰술
식초 ½작은술
소금 약간
후추 약간

1. 양상추를 한입 크기로 손으로 찢는다. 쪽파는 5cm 길이로 자르고, 미역은 완전히 잠길 정도의 물에 5분 정도 불린 후 물기를 제거한다.
2. 볼에 분량의 드레싱 재료를 모두 넣고 고르게 섞은 후 양상추와 쪽파, 미역을 넣고 버무린다.
3. 접시에 먹음직스럽게 담고 볶은 참깨를 뿌린다.

➕ 칼슘이 풍부한 데친 시금치를 추가해도 좋다.

Copyright © 2019 MIKU Publishing Inc.
Korean translation rights © 2022 Tiumbooks
Korean translation rights are arranged with MIKUPUB through LENA Agency, Seoul, Korea.
All rights reserved.

이 책의 한국어판 저작원은 LENA에이전시를 통해 저작권자와 독점 계약한 틔움출판에 있습니다.
저작권법에 의해 한국 내에서 보호를 받는 저작물이므로 무단 전재와 무단 복제를 금합니다.

내과 의사와 채소 박사가 연구한 평생 건강 레시피

몸이 반하는 샐러드

초판 1쇄 인쇄 2022년 9월 23일
초판 1쇄 발행 2022년 10월 1일

지은이 오오츠카 료·타카죠 미노루
옮긴이 노메이

발행인 장인형
임프린트 대표 노영현

펴낸 곳 다독다독
출판등록 제313-2010-141호
주소 서울특별시 마포구 월드컵북로4길 77, 3층
전화 02-6409-9585
팩스 0505-508-0248
ISBN 979-11-91528-13-8 13590

* 잘못된 책은 구입한 곳에서 바꾸실 수 있습니다.
다독다독은 틔움출판의 임프린트입니다.

[함께 보면 좋은 책]

미식가의 프렌치 샐러드

수 퀸 지음 | 배혜정 옮김 | 값 18,000원

**프랑스 정통 샐러드부터 퓨전 샐러드까지
샐러드로 맛보는 프랑스 미식의 세계**

프랑스는 다양한 문화와 인종이 모여 사는 곳이다. 미식의 천국답게 음식의 종류는 물론 이국적이고 특색있는 식재료가 넘쳐 난다. 아프리카, 중동, 아시아, 심지어 한국에서 흔히 볼 수 있는 재료도 이미 프랑스인의 음식 문화에 깊숙이 자리 잡고 있다. 이러한 프랑스 식문화가 고스란히 반영된 이 책은 프랑스 정통 샐러드부터 프랑스인이 즐기고, 프랑스에서 쉽게 만날 수 있는 다채로운 퓨전 샐러드들을 선보인다. 특히 곡물과 고기, 채소가 고루 들어가 있어 바쁜 현대인의 한 끼 식사를 책임질 만큼 건강하고 영양이 풍부하다.